Kreative Ideen fürs Büro

Barbara Huber

Büro, Büro, Büro,

ach wie trist, grau und langweilig sieht doch mein Büro aus. Da muss sich was ändern. Mit Farbe und tollen Ideen zaubern Sie ein Büro, in dem man gerne viele Arbeitsstunden verbringt.

INHALT

Ein Büro mit fantastischen Ideen zum Selbermachen. Schon mit wenig Zeitaufwand schaffen Sie eine gemütliche Atmosphäre in Ihrem Arbeitsalltag. Alle Büroideen können Sie in maximal einer Stunde anfertigen. Trockenzeiten sind hierbei nicht mit eingerechnet. Erfreuen Sie auch Ihre Kollegen mit selbst gemachten Bürohelfern. Viel Spaß beim Basteln!

So wird's gemacht

MATERIALIEN,
die in Ihrem Haushalt vorhanden sein sollten. Diese Materialien sind nicht in den einzelnen Materiallisten aufgeführt.

- Kugelschreiber
- Bürolocher
- Filzstift, schwarz
- Buntstifte
- Haushaltsschere
- Pinsel in verschiedenen Stärken
- Teller für Farbe
- Lineal
- Bleistift, Radiergummi
- Butterbrot- oder Transparentpapier
- Dünner Karton
- Klebestift, Alleskleber
- Cutter mit Schneideunterlage
- Tuch
- Reiniger für Pinsel
- Nagel und Hammer

VORLAGEN ERSTELLEN

Um die Motive und z. B. die Zettelboxen ausschneiden zu können, werden Schablonen benötigt. Diese können auf unterschiedliche Weise angefertigt werden. Butterbrot- oder Transparentpapier auf die Vorlage legen, das Motiv durchzeichnen und auf einen dünnen Karton aufkleben. Dann die Konturen sauber ausschneiden. Fertig ist die Schablone. Wird stabiles Transparentpapier verwendet, wird ein Arbeitsgang gespart, denn dieses kann direkt als Schablone verwendet werden.
Die Ummantelung von Sammelstehordnern benötigt keine Schablone. Zur Übertragung der Ummantelung wird der Ordner auf das ausgewählte Papier gelegt und diese Seite mit einem Bleistift umfahren. Der Ordner wird eine Seite weitergedreht und ebenfalls umfahren. Er wird solange gedreht, bis alle vier Seiten umfahren sind und ein zusammenhängendes Stück ergeben. Dieses wird ausgeschnitten und um den Ordner geklebt.

PAPIERMOSAIK

Verkleidungen mit Papiermosaik haben eine ganz besondere Wirkung und sind schnell herzustellen. Von allen Seidenpapierbogen so viel kleine Stücke reißen, wie benötigt werden. Die Objekte, die aus Pappe, Glas oder einem anderen Material bestehen können, immer stellenweise mit einem Pinsel mit Holzleim bestreichen und die Stücke beliebig aufkleben und teilweise übereinander kleben.

Ist das ganze Objekt beklebt, wird Servietten-Technik-Lack über das Papiermosaik aufgetragen. Das Papiermosaik wird dadurch fest fixiert, haltbar und glänzend. Übrige Teile des Objektes, wie z.B. die Schalenunterseite, werden mit farblich passender Acryl- oder Bastelfarbe bemalt.

STEMPELMUSTER

Tolle Muster und Designs kann man durch das Bestempeln von Oberflächen erzielen. Teilweise werden die Objekte vorher einfarbig bemalt und danach bestempelt, teilweise wird ohne vorherige Bearbeitung das Material bestempelt. Moosgummi und Schaumstoff eignen sich hervorragend, um Stempel herzustellen. Moosgummi-Würfel und Moosgummi-Röllchen sind im Handel erhältlich und können zusätzlich noch aufgeschnitten oder in eine andere Form geschnitten werden. Gestempelt wird mit Acryl- oder Bastelfarbe, die auf einen Teller aufgebracht wird. Der Stempelkopf wird zuerst gut mit Farbe getränkt, danach auf einem Stück Papier ein- bis zweimal aufgestempelt, um die überschüssige Farbe abzustreifen, und dann auf das Objekt aufgestempelt.

Die kreisrunden Vorderseiten von Schaumstoffrollen, die in Baumärkten erhältlich sind, ergeben übereinander gestempelt und leicht versetzt interessante Designs. Auch hier wird die Vorderseite zuerst gut mit Farbe getränkt und danach wieder auf Papier abgetupft, bevor das Objekt damit bestempelt wird.

Pep mit Moonrockpapier

BASTELZEIT
30 Minuten

MATERIAL
- 2 Papp-Sammelstehordner
- 2 Bogen Moonrock-Papier mit Farbverlauf, 50 cm x 70 cm

1. Den Sammelstehordner auf die Rückseite des Moonrockpapiers auflegen und mit einem Bleistift die Umrisse umfahren, bis alle vier Seiten – aneinanderhängend – aufgezeichnet sind (s. Seite 4).

2. Diese Ummantelung exakt ausschneiden.

3. Den Ordner immer seitenweise mit Klebstoff bestreichen und die Ummantelung aus Moonrockpapier ankleben.

Tipp

Aus einem Bogen Moonrockpapier kann schnell eine tolle Schreibtischunterlage gemacht werden. Gehen Sie einfach in den Copy-Shop und lassen Sie den Bogen (50 cm x 70 cm) laminieren.

E-Mail-Mappe

BASTELZEIT
30 Minuten

MATERIAL
- Mappe aus weißem, transparentem Plastikmaterial mit Gummibändern
- Acrylfarbe, weiß, gelb und schwarz

VORLAGE SEITE 42

1. Den Schriftzug von der Vorlage kopieren und mit Klebestreifen innen in der Mappe befestigen.

2. Mit einem dünneren Pinsel und schwarzer Farbe den Schriftzug nachmalen.

3. Ist der Schriftzug trocken, diagonale breite Pinselstriche mit Weiß und Gelb auf die Mappenvorderseite, auch über die Buchstaben, malen.

Tipp

Die Mappe können Sie auch als Aufbewahrungsort für Briefe, für Faxe oder andere schriftliche Unterlagen benutzen. Die Mappe dann entsprechend beschriften. Schöne Schriftzüge können Sie am Computer selbst gestalten.

M@ils

Klemmen (wie) am Schnürchen

BASTELZEIT
45 Minuten

MATERIAL
- 5 Dekoständer mit Draht, transparentem Sockel und Klemmen
- Glasmalfarbe, blau, türkis und grün
- Papierschnur, hellgrün, ca. 1,20 m lang
- Holzleim in der Flasche

VORLAGE SEITE 42

1. Alle transparenten Sockel der Klammern mit den Wochentagen mit Glasmalfarbe beschriften. Die einzelnen Buchstaben werden laut Vorlage gleichmäßig auf die vier Seiten verteilt.

2. Wenn die Farbe trocken ist, die Dekoständer in gleichen Abständen an die Papierschnur knoten. Oben eine Schlaufe als Aufhängung knoten.

3. Aufhängen und die Dekoständer nach links und rechts ausrichten und am Schnurknoten mit einem Tropfen Holzleim fixieren.

Tipp

So vergessen Sie wichtige Termine bestimmt nicht. Fügen Sie einfach noch zwei Dekoständer dazu, falls Sie den Samstag und den Sonntag dabei haben wollen.

Je nach Platz können Sie die Schnur mit den Klammern quer aufhängen oder einfach senkrecht nach unten hängen lassen.

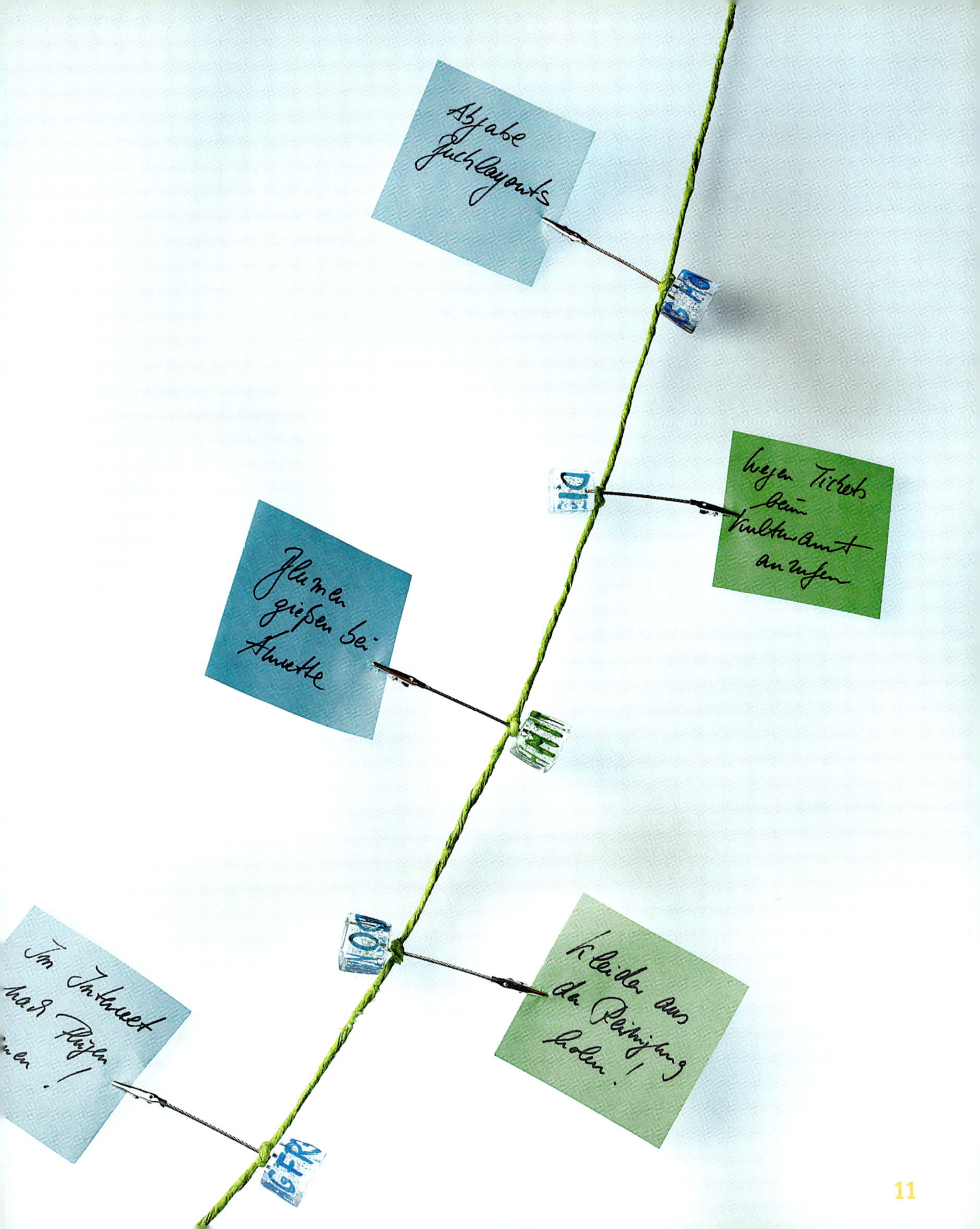
Abgabe Buchlayouts
wegen Tickets beim Kulturamt anrufen
Blumen gießen bei Annette
Kleider aus der Reinigung holen!
Im Internet nach Flügen

Immer griffbereit!

BASTELZEIT
60 Minuten

MATERIAL
- Moonrock-Papier mit Farbverlauf, 70 cm x 18 cm
- 2 Bogen starke, transparente Windradfolie, A4
- Papierdrahtrest, orange
- Dünner, wasserlöslicher Filzstift, schwarz
- Holzleim

VORLAGE
SEITE 44/45

1. Eine Vorlage aus Pappe herstellen und die Grundform der Zettelboxen mit Filzstift auf die Folie übertragen und ausschneiden .

2. Alle Linien gut knicken. Mit einem feuchten Tuch die schwarzen Filzstiftlinien entfernen. Die Klebeflächen mit Holzleim bestreichen und etwas antrocknen lassen.

3. Die Boxen auf das Moonrock-Papier kleben und oben für die Aufhängung zwei Löcher anbringen. Ein Stück Papierdraht durchziehen.

Tipp

Sie benötigen mehr Zettelboxen? Dann verlängern Sie den Aufhängestreifen oder machen ein großes Rechteck daraus.

An Stelle der selbst gefertigten Boxen aus Windradfolie können Sie auch kleine stabile Papiertragetüten oder transparente kleine Tragetüten aufkleben.

DELPHIN - PIZZA - SERVICE
PRIORITÄT 1
PRIORITÄT 2
Zum Kochen viel zu schade!
INFOS

Ablagen in Schwarz-Weiß

BASTELZEIT
60 Minuten

MATERIAL
- 3 stapelbare Ablagen aus transparentem Plastikmaterial, weiß
- Schaumstoff-Malerrolle, ø 4 cm
- Acrylfarbe, schwarz
- Tonpapierrest, weiß

VORLAGE SEITE 43

1. Alle Seitenteile der Ablagen mit der runden Vorderseite der Malerrolle bestempeln. Dabei die Rollenvorderseite gut mit Farbe tränken und vor dem Bestempeln auf Papier die Farbe wieder etwas reduzieren (s. Seite 5).

2. Mit einem Pinsel freihändig oder nach Vorlage die schmale Vorderseite der Ablage im Zebradesign bemalen.

3. Jetzt noch die Beschriftungen anbringen, die mit dem Computer gemacht werden.

Tipp

Ablagekästen können Sie auch mit Serviettentechnik gestalten. Mit Serviettendesigns, die Ihnen gefallen, können Sie alten, schon etwas ramponierten Ablagekästen ein neues Outfit verleihen.

Memo-Kegel

BASTELZEIT
30 Minuten

MATERIAL
- Styroporkegel, ø 12 cm, 28 cm hoch
- Glitzersand, rot
- Acrylfarbe, gelb
- Holzkugel mit Bohrung, ø 4 cm
- Moosgummiwürfel, rosa, Seitenlänge 1 cm
- Schaschlikstäbchen

1. Den Kegel mit Glitzersand bemalen.

2. Die Kugel auf ein halbiertes Schaschlikstäbchen kleben und bemalen.

3. Nach dem Trocknen oben auf das Loch den Würfel kleben, das Stäbchen dünn mit Klebstoff einstreichen und in den Kegel stecken.

Tipp

Selbstgemachte Pins sehen auf dem Memo-Kegel toll aus! Stecknadeln mit bunten Glasköpfen werden einfach mittig durch je einen Moosgummiwürfel gesteckt und fertig ist der Pin. Die Moosgummiwürfel gibt es bunt sortiert fertig im Bastelfachhandel zu kaufen.

www.frechverlag.de

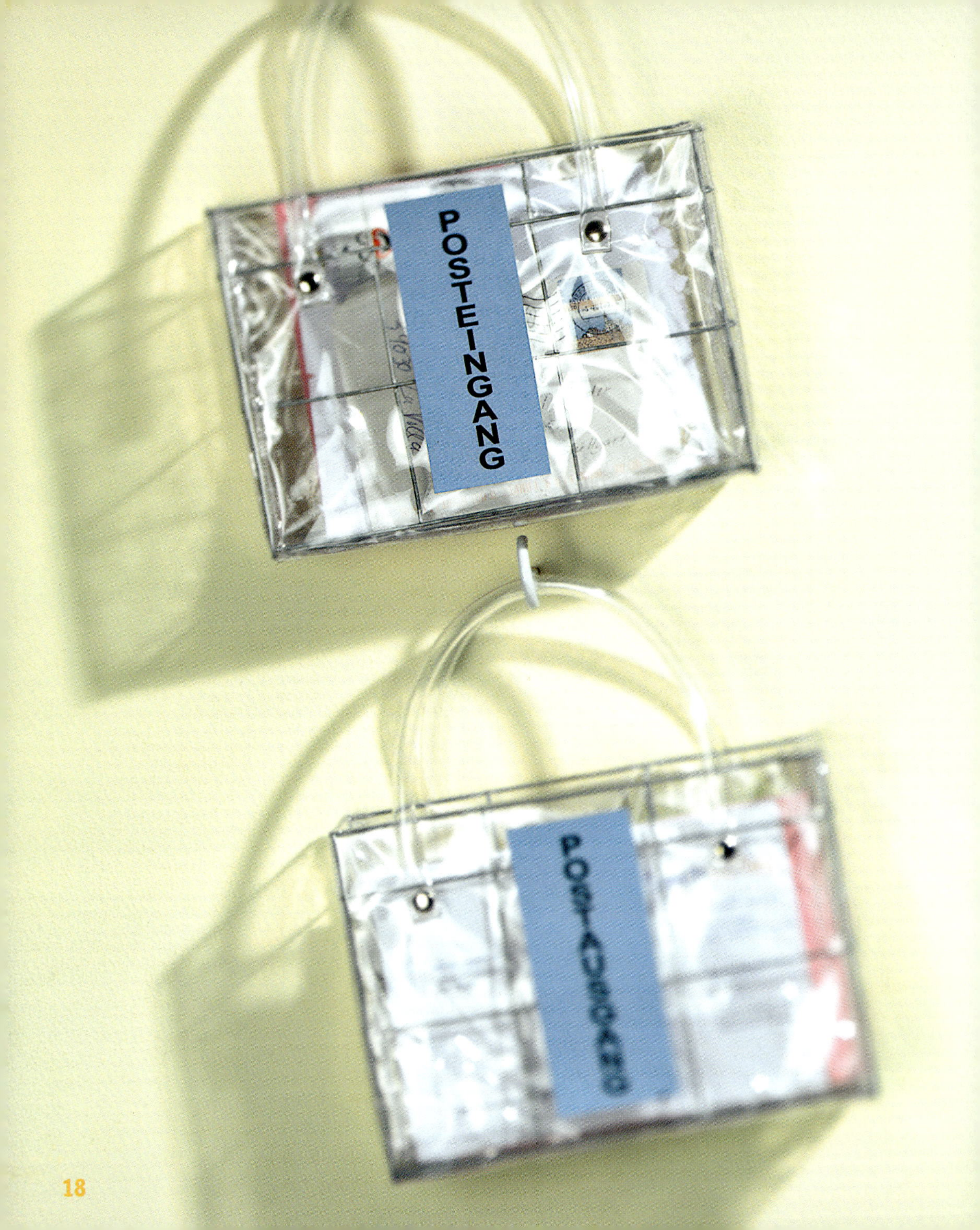
POSTEINGANG
POSTAUSGANG

Für die Tagespost

BASTELZEIT
30 Minuten

MATERIAL

- Transparente Plastiktaschen mit Bügel und Gittereinsatz, 25 cm x 18 cm
- Tonkarton, mittelblau, A5
- Doppelseitiges Klebeband
- Computer mit Drucker

1. Die Schriftzüge in einer beliebigen Schrift mittig auf je einem 6,5 cm x 15 cm großen Stück Tonkarton ausdrucken.

2. Auf der Rückseite der Schilder rundherum doppelseitiges Klebeband anbringen und damit die Schilder gemäß der Abbildung auf die Taschen kleben.

3. Taschen mit einem Nagel oder Haken an die Wand hängen.

Tipp

Je nachdem, welche Schrift und Papierfarbe Sie auswählen, wirken die Taschen sachlich oder verspielt.

Für alle, die es gerne bunt mögen – das Plastikmaterial können Sie sehr gut mit Glasmalfarben oder Windowcolorfarben bemalen.

Papierkorb mit Ornamenten

BASTELZEIT
60 Minuten

MATERIAL
- Papierkorb aus transparentem Kunststoffmaterial, weiß, ø 29 cm
- Papierdraht, orange, ca. 2,80 m lang
- Holzleim in der Flasche
- Prospekthülle

VORLAGE SEITE 43

1. Gemäß der Vorlage die Ornamente aus dem Papierdraht biegen. Für ein Ornament wird ca. 55 cm Band benötigt.

2. Die Ornamente auf eine Prospekthülle legen und auf einer Seite mit Holzleim versehen. Den Leim etwas antrocknen lassen.

3. Alle Ornamente am oberen Rand des Papierkorbs ankleben und einen Tag später nochmals mit Holzleim versehen. Holzleim trocknet transparent.

Tipp

Wenn Sie die Ornamente nicht aufkleben wollen, können Sie diese auch mit Glasmalfarbe oder Windowcolorfarbe aufmalen. Da diese Farben transparent werden, passen sie sehr gut zum transparenten Material des Papierkorbs.

Schön mit Papiermosaik

BASTELZEIT
60 Minuten

MATERIAL
- Schale aus Pappemaché, ø 25 cm, 5 cm hoch
- Stifte-Köcher aus Pappmaché, ø 7 cm, 18 cm hoch
- Seidenpapier, hellgrün, dunkelgrün, mittelblau und dunkelblau
- Acrylfarbe, dunkelblau
- Holzleim
- Serviettenlack

Tipp

Ein witziges Papiermosaik können Sie auch durch Bekleben mit Zeitungspapierstückchen und mit Fotos aus Illustrierten erzielen.

1. Den Teil des Köchers, der in geschlossenem Zustand vom Deckel bedeckt wird, und die Außenseite der Schale mit blauer Acrylfarbe bemalen.

2. Aus dem Seidenpapier so viele kleine Stücke reißen, wie für die Beklebung der Schale und den Köchers gebraucht werden.

3. Die Außenseite des Köchers, den Deckel und die Innenseite der Schale mit Holzleim bestreichen und mit den Seidenpapierstückchen beliebig bekleben (s. Seite 5). Nach dem Trocknen sowohl die Farbe als auch die Beklebung mit Serviettenlack überziehen.

Gestreifte Glasvasen

BASTELZEIT
30 Minuten

MATERIAL
- 2 Glaszylinder-Vasen, ø 14 cm und 10 cm
- Glasmalfarbe oder Porzellanmalfarbe, orange, magenta, hellgrün und mittelblau
- 2 Bogen Kopierpapier, weiß

Tipp

Auch bei Glasvasen, die als Grundton nicht transparent weiß sind, sondern einen Farbton enthalten, können Sie Streifen oder andere Muster wie Kreise, Spiralen etc. aufmalen. Der Grundfarbton der Vase kann in das Design als Gestaltungselement integriert werden.

1. Auf das Kopierpapier mit Bleistift Streifen aufzeichnen und diese Papiere als Malhilfen in die Glasvasen stellen. Eventuell mit einigen Klebestreifen befestigen.

2. Mit dem Pinsel verschieden breite Streifen auf die große Vase malen. Die Pinselstriche oben und unten auslaufen lassen. Dabei die Farben auch an den Rändern übereinander malen.

3. Mit einem dünneren Pinsel Streifen auf die kleine Vase malen. Dabei immer einen Abstand von ca. 1 cm bis 2 cm halten. Kurze Pinselstriche oben am Rand in den Abstand malen. Nach den Herstellerangaben die Farben bzw. die Vasen im Backofen brennen.

Kleiderbügelfiguren

BASTELZEIT
45 Minuten

MATERIAL
- 2 Plastikkleiderbügel, weiß
- Transparente Windradfolie, ca. 0,3 mm stark, A4
- Glasmalfarbe, schwarz, orange und rot
- Papierschnur, dunkelgrau, ca. 40 cm lang
- Holzleim in der Flasche

VORLAGE SEITE 46+47

1. Die Folie auf die Vorlage legen und mit Glasmalfarbe die Gesichter malen. Die Gesichtskontur samt Hals und Schultern nachmalen, z.B. mit Kugelschreiber oder Filzstift, und ausschneiden.

2. Die Köpfe nur im Schulter- und Halsbereich mit Holzleim auf dem Bügel festkleben.

3. Für die Haare Stücke aus Papierschnur zuschneiden und ebenfalls mit Holzleim aufkleben.

Tipp

Eine witzige Idee ist es, prominente Gesichter oder Köpfe aus Illustrierten auszuschneiden und diese auf die Windradfolie zu kleben.

Kästchen für Krimskrams

BASTELZEIT
60 Minuten pro Kästchen

MATERIAL

- Holzkästchen mit 4 Schubladen, 20 cm x 15 cm x 7 cm
- Schubladen-Kommode aus Holz, 11,7 cm x 55,3 cm x 13 cm
- Acrylfarbe, rot, gelb, orange, pink und rosa bzw. dunkel-, mittel- und hellblau, hell- und dunkelgrün und petrol
- Klarlack-Spray
- Moosgummiwürfel, 1 cm Seitenlänge
- Moosgummiröllchen, 9 mm x 45 mm
- Zirkel

1. Alle Teile gemäß der Abbildung mit Acrylfarbe bemalen und trocknen lassen.

2. Für das rote Kästchen die Moosgummi-Röllchen aufschneiden, dünn mit Farbe einstreichen und damit Kringel aufdrucken. Die Quadrate mit einer Seite eines Moosgummiwürfels aufdrucken (s. Seite 5).
Für das blaue Kästchen mit dem Zirkel Kreise (ø 3,5 cm) auf die Schubladen gemäß der Abbildung aufzeichnen und diese mit einem dünnen Pinsel mit Farbe nachziehen.

3. Die Kästchen trocknen lassen und dann mit Klarlack besprühen.

Tipp

Zum Bestempeln können Sie auch Weinkorken und Schaumstoff, aus denen man Dreiecke oder Rauten schneidet, verwenden. Achten Sie darauf, zum Stempeln nur wenig Farbe benutzen.

CD-Hüllen

BASTELZEIT
10 Minuten pro CD-Hülle

MATERIAL

- CD-Hüllen aus transparentem Plastik
- Glasmalfarbe, grün, blau, türkis, violett und pink
- Moosgummiwürfel, 1 cm Seitenlänge
- Moosgummiröllchen, 9 mm x 45 mm und 12 mm x 45 mm

1. Die Quadrate und Würfel mit Glasmalfarbe aufstempeln.

2. Die Streifen einfach entsprechend der Form der Box mit Farbe nachziehen.

3. Eventuell noch mit Computerausdrucken beschriften, um den Inhalt zu kennzeichnen.

Tipp

Sollte Ihre Box keine Streifen haben, nehmen Sie ein Lineal zur Hilfe oder lassen Sie sich von der Form Ihrer Box zu eigenen Kreationen anregen.

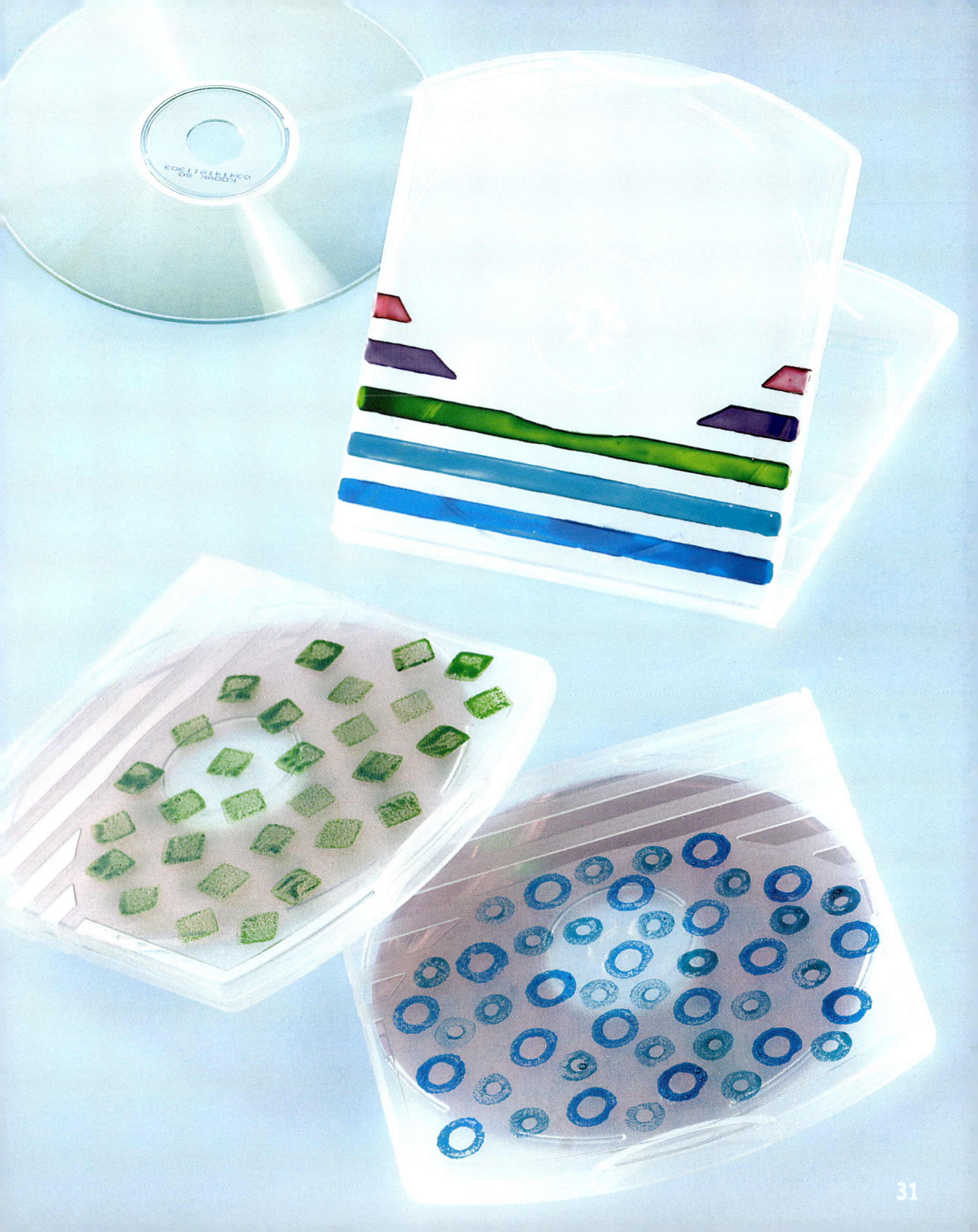

Blumen-Magnete

BASTELZEIT
30 Minuten

MATERIAL
- Magnetwand mit Alurahmen, anthrazit, 44 cm x 44 cm
- Magnete, ø 20 mm
- Stoffblumen, ø ca. 4 cm

1. Die zweilagigen Blüten auseinander nehmen und den Stiel an der Blütenmitte so knapp wie möglich abschneiden.

2. Die beiden Lagen Blütenblätter übereinander kleben, mittig die Blütenmitte anbringen.

3. Den Magnet mit Kraftkleber unter der Blüte fixieren.

Tipp

Für Blütenmagnete eignen sich die verschiedensten Stoffblüten, auch größere Formen. Lassen Sie sich vom Angebot im Fachhandel inspirieren.

frechverlag

Bilderrahmen

BASTELZEIT
45 Minuten

MATERIAL
- Bilderrahmen aus Holz, 21 cm x 27 cm
- Tonkarton, blau-weiß gestreift
- Transparentpapier, „Mosaik dunkel", A4

1. Vier Streifen in der Breite der Bilderrahmenleisten aus Transparentpapier zuschneiden und auf den Rahmen aufkleben.

2. Den blau-weiß gestreiften Tonkarton so zuschneiden, dass er in den Bilderrahmen passt. Für das Foto einen Ausschnitt mit dem Cutter aus dem Tonkarton schneiden.

3. Das Foto mit Klebestreifen befestigen und den Bilderrahmen verschließen.

Tipp

Für Schwarz-Weiß-Fotos, die in dem Bilderrahmen gezeigt werden, sieht eine Beklebung des Bilderrahmens mit schwarz-weißem Papier und einem schwarz-weiß gestreiften Passepartout sehr edel aus. Passen Sie die Gestaltung des Rahmens Ihrem Foto an.

Lieblings-Bürotasse

BASTELZEIT
60 Minuten

MATERIAL

- Porzellanbecher, blau
- Porzellanmalfarben, dunkelviolett, dunkeltürkis und schwarz
- Dünner, wasserfester Filzstift, schwarz
- Kopierpapier, weiß

VORLAGE SEITE 45

1. Die Blumen-Vorlagen auf weißes Papier übertragen und ausschneiden.

2. Die Blumenvorlagen auf die Tasse legen und mit dem schwarzen Filzstift umfahren bis die ganze Tasse voller Blüten ist.

3. Die Blumen mit Violett anmalen und in der Blütenmitte einen türkisfarbenen Blütenstempel malen. Danach alle Konturen mit Schwarz einfassen. Nach den Herstellerangaben im Backofen das Design einbrennen.

Tipp

Selbst bemalte Tassen sind hübsche Mitbringsel, in die Sie Süßigkeiten, aber auch Gutscheine für einen Brunch oder ein Frühstück, einen Kaffeeklatsch oder Ähnliches packen können.

Seite 1

Gute Laune – Schlechte Laune

BASTELZEIT
30 Minuten

MATERIAL

- Papperest, hellgrau oder weiß
- Filzrest, rot
- 5 Pailletten, pink
- Biegedraht, ø 5 mm, 15 cm lang
- Chenilledraht, orange, 12 cm lang
- Saugnapf, transparent, ø ca. 4 cm

VORLAGE SEITE 48

1. Die Vorlage auf Pappe übertragen und ausschneiden. Die Mütze aus Filz zuschneiden und aufkleben.

2. Das Gesicht anmalen und den Chenilledraht auf die Rückseite kleben. Die Enden zu Händchen biegen.

3. Den Biegedraht um einen Stift wickeln, abziehen und als Spirale aufspringen lassen. Am Chenilledraht auf der Kopfrückseite mittig befestigen. Das andere Drahtende am Saugnapf befestigen. Zuvor den Haken aus dem Saugnapf entfernen.

Tipp

An Stelle des Gute-Laune-schlechte-Laune Gesichtes können Sie auf Pappe auch das Bild des Liebsten oder der Liebsten kleben.

Schütteldosen

BASTELZEIT
20 Minuten pro Dose

MATERIAL

- 3 Schütteldosen aus Pappe mit Plexiglasscheibe, Seitenlänge 10,5 cm, 6,5 cm hoch
- Acrylfarbe, gelb, orange, pink, weinrot und weiß
- Pins, Briefmarke, Büroklammern
- Heißkleber

1. Die Plexiglasscheiben vorsichtig entfernen, damit das Bemalen einfacher ist.

2. Die Kästchen innen weiß, den Rest der Dose gemäß der Abbildung mit Acrylfarbe bemalen.

3. Nach dem Trocknen die Kästchen mit den verschiedenen Materialien befüllen, Glas und Kästchen mit Heißkleber in den Deckel kleben.

Tipp

Bei Pappmaterialien ist es manchmal besser, mit weißer Acrylfarbe zu grundieren oder die Farbe zweimal aufzutragen, damit sie gut deckt.

ALTE OPER FRANKFURT
0,55€
50 Jahre Deutscher Kinderschutzbund

M@ils

SEITE 8
E-Mail-Mappe

MO N TA G

SEITE 10
Klemmen (wie) am Schnürchen

DI EN ST AG

MI TT WO CH

DO NNE RS TAG

FR E IT AG

◆ **SEITE 20**

Papierkorb mit Ornamenten

◆ **SEITE 15**

Ablagen in Schwarz-Weiß

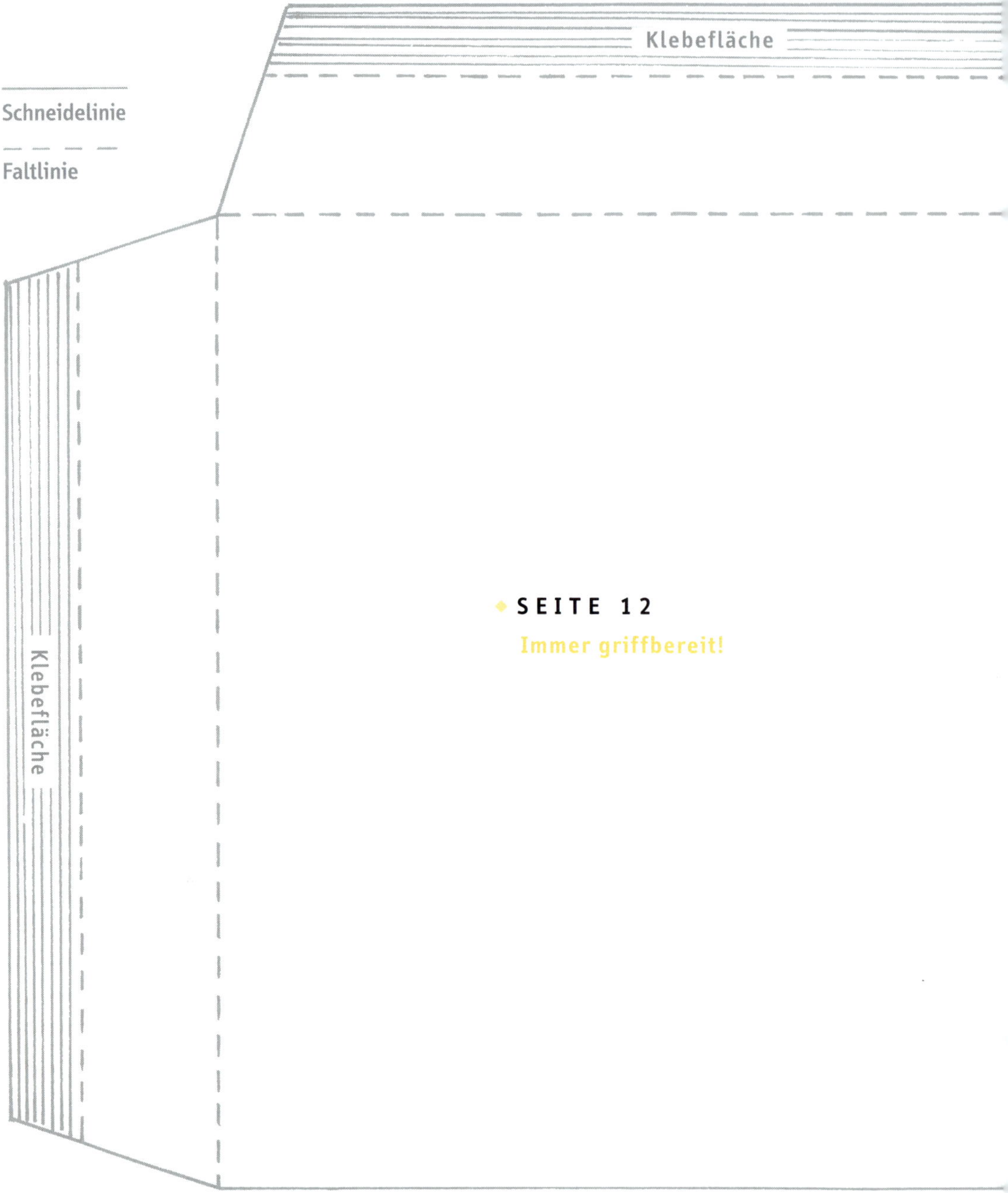

SEITE 12
Immer griffbereit!

◆ **SEITE 36**

Lieblings-Bürotasse

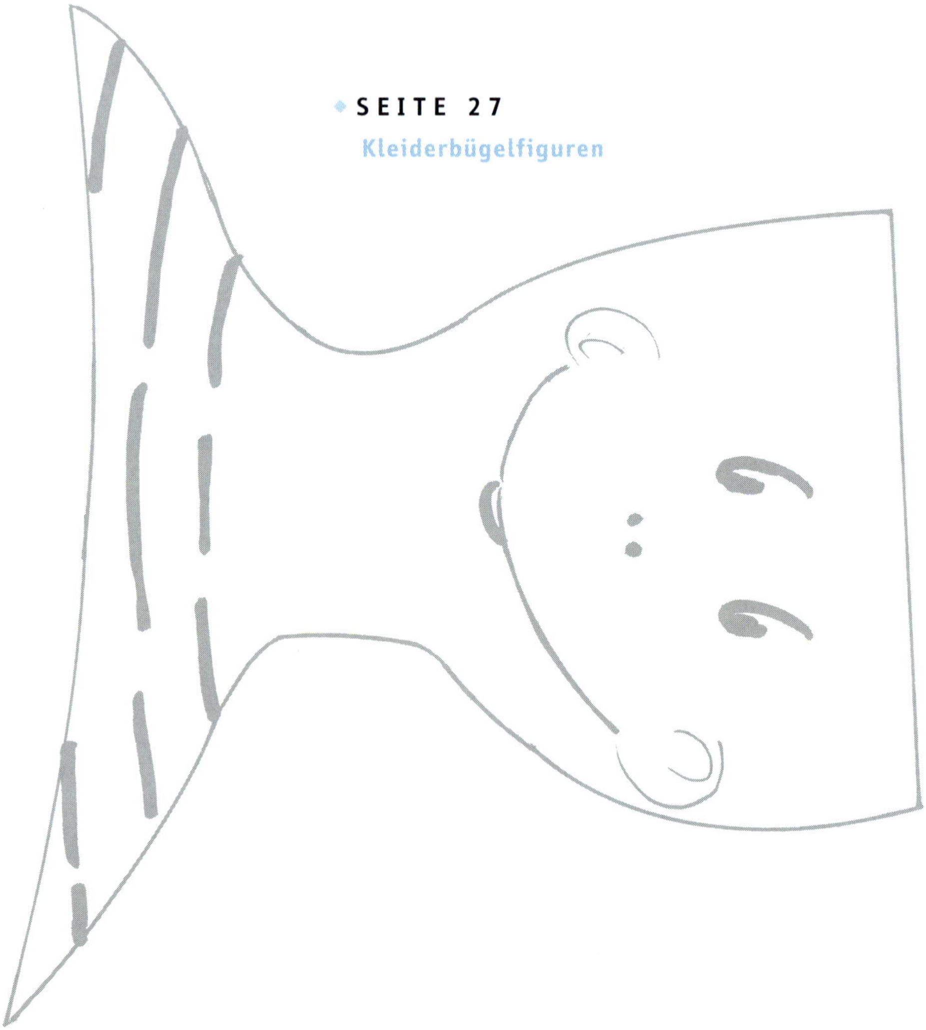

SEITE 27

Kleiderbügelfiguren

SEITE 27

Kleiderbügelfiguren

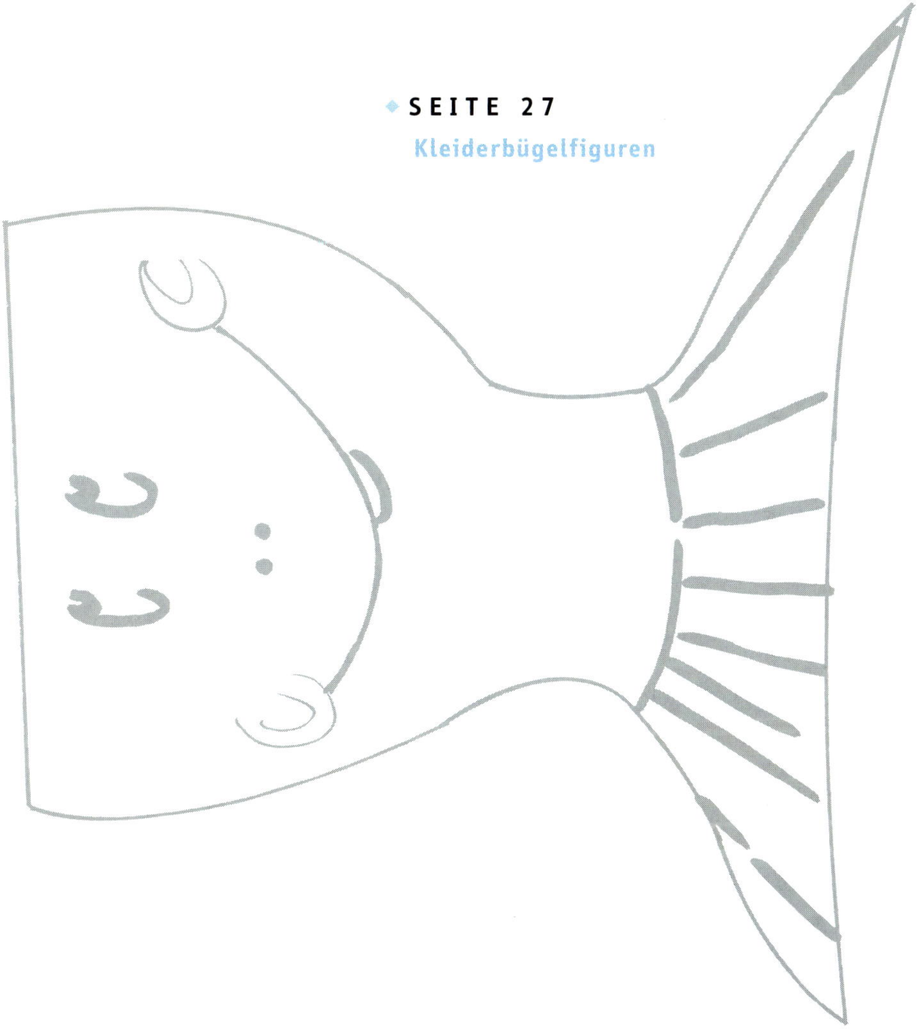

◆ **SEITE 38**

Gute Laune – Schlechte Laune

1 x komplett aus Pappe
1 x nur Mütze aus Filz

IMPRESSUM

MODELLE: Barbara Huber

DESIGN-ENTWICKLUNG: independent Medien-Design, 80538 München
FOTOS: frechverlag GmbH, 70499 Stuttgart; Fotostudio Ullrich & Co., Renningen; U2 © zefa/Moellenberg
DRUCK: frechdruck GmbH, 70499 Stuttgart

Mit freundlicher Unterstützung von Rayher Hobby GmbH in Laupheim

Auflage:	5.	4.	3.	2.	1.	
Jahr:	2007	2006	2005	2004	2003	[Letzte Zahlen maßgebend]

ISBN 3-7724-5606-5